AF310610

SIMPLES

OBSERVATIONS D'UN PRATICIEN

SUR LA PROPOSITION D'INTRODUIRE LE JURY

DANS LE JUGEMENT DES AFFAIRES CIVILES.

SIMPLES

OBSERVATIONS

D'UN PRATICIEN

SUR LA PROPOSITION D'INTRODUIRE LE JURY

Dans le Jugement des Affaires civiles.

Par S. DELORME, avoué.

R.F. BIBLIOTHÈQUE NATIONALE IMPRIMÉS.

Ce genre de preuve ne saurait avoir le poids de la vérité ;
car il arrive que des témoins nombreux et ayant l'apparence
d'honnêtes gens portent faux-témoignage.

PLATON, *Gorgias*.

PARIS

IMPRIMERIE MAULDE ET RENOU,
RUE BAILLEUL, 9 ET 11.

1848

SIMPLES

OBSERVATIONS D'UN PRATICIEN

SUR LA PROPOSITION D'INTRODUIRE LE JURY

DANS LE JUGEMENT DES AFFAIRES CIVILES.

> Ce genre de preuve ne saurait avoir le poids de la vérité ;
> car il arrive que des témoins nombreux et ayant l'apparence
> d'honnêtes gens portent faux-témoignage.
>
> PLATON, *Gorgias.*

L'Assemblée Nationale va délibérer sur la proposition d'introduire le Jury dans le jugement des procès civils.

Déjà repoussée deux fois, en 1790 par la Constituante, en 1793 par la Convention, à une époque où le cahos de la procédure et des abus réformés depuis, offraient à ses partisans des arguments que leur enlève aujourd'hui l'état de la législation, cette nouveauté est dangereuse ; elle ne tend à rien moins qu'à bouleverser les principes les plus salutaires de nos lois civiles, à rendre la Justice plus lente et plus dispendieuse. La conviction de ces vérités impose à ceux chez lesquels elle est le résultat d'un examen sérieux, le devoir de défendre leur opinion, d'en déduire les motifs, de la faire partager s'ils le peuvent.

Quel est le but? où est la nécessité de l'innovation ?

Est-ce pour certains esprits une conséquence rigoureuse des principes démocratiques ?

Non, dans une démocratie, la puissance du peuple s'étend à tout, mais agit parfois directement, le plus souvent par des délégués.

que le délégué soit un juge ou un juré, la Justice n'émane pas moins du peuple. Une magistrature maintenue sur son siége par l'estime de tous, constitue d'ailleurs et personnifie plus exactement, plus dignement la délégation de la souveraineté populaire, que des individus qui ne sont pas tout le peuple, et ne sont pas désignés par le peuple, mais par le hasard; aussi les partisans les plus avancés de la démocratie, Couthon notamment, repoussèrent, en 1793, le Jury civil, qu'ils qualifièrent de beau rêve. Ils ne s'avisèrent point de le considérer comme élément nécessaire d'une société démocratique. Le motif ne peut donc être là.

Veut-on restreindre l'omnipotence judiciaire, en enlevant au juge la décision du fait pour lui laisser seulement l'application de la loi? Telle est, on peut le supposer, la pensée des partisans du système nouveau.

La mesure arriverait au but, en ce sens que le magistrat serait dépouillé d'une partie de ses attributions; mais à qui les ferait-on passer, et le changement sera-t-il un bien ou un mal? Qui le réclame d'ailleurs?

L'Europe admire nos lois. En obtenir l'application c'est pour tous les peuples une conquête, un progrès, et nous les répudierions?

Toute innovation, pour être un bien, doit répondre à un besoin de la société; or, la société n'a jamais manifesté le vœu au-devant duquel on croit marcher.

La presse est libre. Depuis quinze ans elle n'a point épargné la vérité au pouvoir. Dans les derniers temps un cri de réprobation s'est élevé contre bien des corruptions; or, pas une de ces acccusations ne s'est adressée à la Justice. Le magistrat a toujours été l'objet du respect à une époque où les positions les plus hautes ne l'assurent pas. Croit-on que cet hommage appartienne à la toge seule? Il lui était dû sans doute. Mais les institutions judiciaires peuvent en revendiquer leur part. Le juge n'obtient pas le respect quand la loi qu'il applique est mauvaise. Le vice de l'abus rejaillit sur l'homme; la société les confond dans la même haine.

Quand le magistrat est respecté, on peut conclure que la loi est bonne.

Dans un état de choses consacré par le temps, par l'adhésion de tous, par une expérience qui en a démontré les avantages, rien ne peut recommander un changement, si ce n'est la certitude d'un perfectionnement, d'une amélioration infaillibles.

Mais ici cette certitude n'existe pas, il y aurait présomption à garantir le résultat. C'est se jeter dans l'inconnu, sans assurance de mieux.

L'expérience n'existe pas au profit de ce qu'on veut créer. Elle plaide en faveur de ce qu'on veut détruire.

Les partisans du système nouveau ont sans doute puisé leurs convictions dans l'exemple de l'Angleterre, dans les résultats du Jury appliqué aux matières criminelles.

Aucune de ces considérations ne peut tenir contre un examen sérieux.

Au criminel, le Jury est, il est vrai, une garantie nécessaire pour l'accusé, pour la société. Mais il n'y a pas à conclure du criminel au civil.

L'objet du débat devant les Cours d'assises, c'est la vie, la liberté du citoyen, l'indépendance même du pays engagée dans les questions de presse, d'association, de résistance à l'arbitraire. Une défiance, sauvegarde vigilante des droits de tous, peut redouter l'influence du pouvoir.

Au civil, les questions descendent aux proportions de l'intérêt individuel, l'action du pouvoir n'est pas à craindre.

Il y a d'ailleurs, et il faudra revenir sur ce point, des différences marquées entre les faits constituant le débat dans l'une et l'autre des juridictions, faits simples, faits faciles à apprécier dans un cas, faits complexes, faits nuancés, dans l'autre, jusqu'à l'infini.

Les résultats heureux de l'institution, au criminel, ne peuvent donc être considérés comme une expérience qui garantisse des résultats analogues à la juridiction civile.

L'Angleterre a, il faut le reconnaître, fait avant nous l'expérience à laquelle on songe à soumettre la société française, et son respect pour ses vieilles traditions est telle qu'elle persévère, sauf bien des restrictions cependant.

Mais l'exemple ne conclut pas, loin de là. De tous les pays, l'Angleterre est celui où la Justice est la plus lente, la plus dispendieuse. Les procès y sont héréditaires. Une génération les transmet à l'autre, et la fatigue les termine parfois plutôt que le juge. Ils parcourent le long circuit d'une foule de juridictions. Il est donc impossible de considérer comme bon le système qui produit de tels résultats.

Le Jury, en matière civile, n'est pas au surplus un progrès chez nos voisins. C'est une vieille institution qui remonte à la domination saxonne (1). Et le respect du passé, si profond chez nos voisins, l'a maintenue.

On comprend que, chez un peuple pauvre, les questions litigieuses, les faits qui les soulèvent soient d'une extrême simplicité ; mais le temps et le développement des sociétés changent les rapports entre le peuple et l'institution. Et il est à croire que si les Anglais s'abandonnaient aussi impatiemment que nous au besoin d'améliorer, ils nous emprunteraient en ce moment le système auquel nous voulons substituer le leur.

Ce serait une grave erreur au surplus de supposer qu'en Angleterre l'instruction du fait par le Jury s'étende à toutes les matières civiles.

Parmi les nombreuses juridictions qu'embrasse l'organisation judiciaire de nos voisins, il en est plusieurs, et pour ne parler que des plus importantes, deux, les Cours ecclésiastiques seules compétentes en matière de mariages, de divorces, séparations et testaments, et les cours d'équité plus considérables de jour en jour, en raison des lacunes de la législation, qui connaissent du fait, sans le concours du Jury, et le décident soit par les actes, soit par le serment, soit par l'audition des témoins.

Les Cours même devant lesquelles la procedure aboutit dans certains cas au débat devant le Jury, comme la Cour des Common Pleas, et celle du Kings Bench, ne sont point soumises à cette règle d'une manière absolue.

Il existe devant elles jusqu'à sept modes distincts d'instruction.

(1). Turner, anglo-saxon-laws.

L'instruction par record, c'est-à-dire par la production de *titres*, car un statut de Charles II exige une preuve écrite, à l'exclusion de celle orale, des conventions ayant quelque importance, aliénations d'immeubles, cautionnements, promesses de mariage, obligations à terme plus long qu'une année.

L'instruction par inspection ou examination, quand l'objet du litige étant un point matériel, le juge peut le décider par le témoignage de ses sens.

L'instruction par certificat, quand le fait est de telle nature qu'il ne peut être établi que par l'affirmation d'une personne déterminée.

L'instruction par témoignage, sans l'intervention du jury, cas où la conscience du magistrat est souveraine appréciatrice de la valeur des dépositions.

L'instruction par gage de combat, à laquelle, dit un auteur contemporain, on n'a plus guère recours, *mais qui a encore force de loi, si les parties la réclament.*

L'instruction par *wager of law*, ou gage de loi, singulier privilége accordé aux gens de bonne renommée, et par lequel leur déclaration sous serment est admise dans certains cas déterminés comme preuve.

Enfin l'instruction par le Jury.

On voit donc que l'intervention du Jury est singulièrement restreinte en Angleterre, et parce que nombre de juridictions ne la comportent pas, et parce que dans les autres elle n'est qu'un mode d'instruction sur sept.

D'expérience en cette matière, il n'y en a donc point à dire vrai, et les exemples seraient trompeurs. Il faut examiner le fond des choses.

Le Juré sera-t-il un juge plus sûr que le juge lui-même ?

Pour que l'innovation proposée fût nécessaire, c'est cette certitude qu'il faudrait avoir.

S'il arrivait seulement à juger aussi bien, à quoi bon un changement?

Mais il est impossible de garantir un pareil résultat.

Les conditions essentielles d'une bonne justice, sont, quant au juge, avec la probité, l'étendue des lumières, la sagacité, l'expérience, et par-dessus tout cela la conscience de la haute mission que la société lui confie.

Or, même au point de vue exclusif du fait, et pour ne pas parler de ce sentiment du devoir traditionnel chez le magistrat, il est impossible d'espérer que des hommes pris au hasard, étrangers à la pratique des affaires, puissent apporter sur les bancs du Jury l'expérience, le coup d'œil, la sagacité d'un juge exercé.

A ce point de vue, le Juré sera évidemment loin du juge. Les manœuvres de la mauvaise foi, le prestige de la parole, les illusions de toute espèce auront prise sur lui.

La sagacité, la faculté d'écouter, de retenir, de résumer un ensemble de faits, se développent par l'habitude, et le Juré, appelé à de longs intervalles à s'occuper de matières étrangères à sa profession, aura peine à prendre un parti au milieu de la lutte qui s'établira devant lui sur les vraisemblances ou les présomptions que, des deux parts, la discussion cherchera à faire ressortir ou à détruire.

En matière criminelle, les faits soumis à l'appréciation du jury sont simples. Un meurtre, un vol ont-ils été commis? Les circonstances de complicité de nuit, d'effraction, sont matérielles. Et cependant, ceux qui ont pris part aux délibérations du jury n'ont-ils pas été généralement frappés de l'hésitation, de la lenteur de l'intelligence chez les uns, et de la fausseté des vues chez les autres?

Là, du moins, le doute est en faveur de l'accusé. Si le crime n'est pas démontré à la majorité, l'absolution découle de l'incertitude. C'est le bienfait même de l'institution que cette nécessité d'une conviction pénétrant dans tous les degrés de l'intelligence, pour déterminer une condamnation.

Devant les tribunaux civils, les choses sont différentes.

Deux intérêts sont en présence, et l'humanité ne peut consoler d'une erreur en répétant ces mots où elle respire : Mieux vaut absoudre un coupable que condamner un innocent.

Là, toute erreur est une injustice; elle entraîne nécessairement avec elle un préjudice, quelquefois la ruine de l'honnête homme : il y a dans ce cas un citoyen lésé dans sa fortune, parfois dans son honneur.

Or, l'appréciation du fait en matière civile est bien plus délicate qu'en matière criminelle. Les nuances y sont d'une variété infinie.

Dans certains cas le fait se confond tellement avec le droit, qu'il semble impossible de séparer les éléments de solution.

Mettez un Jury aux prises avec ces questions dans lesquelles la matérialité et la moralité du fait résultant de l'appréciation d'une foule de circonstances accessoires, se lient si intimement et forment un ensemble indivisible, comme dans les cas de simulation, de concert frauduleux, de certains quasi délits, de bonne ou mauvaise foi dans la possession, et nombre d'autres qu'il serait trop long d'énumérer.

On peut affirmer que la majorité, dans tous ces cas, s'effacera par la conscience même de son insuffisance, et que la décision émanera le plus souvent d'une minorité dont le jugement n'aura pas toujours plus de rectitude, mais dont l'intelligence plus exercée se sera élevée à cette notion incomplète du droit et des affaires qui égare le jugement au lieu de le guider.

Pour faire un bon juge, il ne faut pas être seulement un honnête homme, il faut apporter dans la recherche de la vérité cette tenacité, cette obstination du bien qui excite, soutient et guide au milieu de l'obscurité dont la mauvaise foi cherche à l'entourer. Que les Jurés soient en général honnêtes, ce serait faire injure à la masse de notre nation que d'en douter; mais auront-ils dans les cas difficiles l'ardeur et la persévérance que donne le sentiment habituel et profond du devoir? Non. Ils seront pour le moins indifférents, et l'indifférence n'est pas de mise dans l'œuvre si épineuse de la Justice.

Il faudrait ne pas être de bonne foi pour ne pas reconnaître sous tous ces rapports l'infériorité du Juré, pour se dissimuler à ces divers points de vue ce que le système proposé laisserait à désirer.

Trouvera-t-on une compensation dans cette pensée stérile qu'en divisant le jugement du fait et du droit, on restreint l'omnipotence du juge?

D'abord cette omnipotence n'existe pas. Elle n'a pas seulement pour limite la conscience du juge, mais la voie d'appel est ouverte aux parties.

Puis, quels excès, quelles injustices ont constaté l'abus de cette autorité si redoutée! sommes-nous aux temps des decemvirs?

Transférer la connaissance du fait, des tribunaux civils au Jury, ce n'est point détruire l'omnipotence de celui qui décidera du fait; c'est la transférer d'un juge éclairé à un juge qui peut ne pas l'être.

L'omnipotence du Jury serait bien plus à craindre que celle du juge, car le verdict de l'un n'est pas susceptible d'appel, et dans l'état actuel le jugement de l'autre y est soumis.

Le vrai danger est là; l'expérience le démontre.

N'entendons-nous pas professer chaque jour devant les Cours d'assises que le Jury est souverain, qu'il relève de sa conscience seule; et le résultat de cette doctrine n'a-t-il pas été trop souvent un verdict négatif de faits d'une évidence frappante, ou tout au moins des circonstances atténuantes, dans des cas où l'horreur même du crime déterminant la gravité de la peine devenait par le fait la seule explication d'une indulgence déplorable?

L'opinion publique, si favorable à la magistrature, a plus d'une fois témoigné à ce sujet son indignation et ses craintes pour la société.

Le magistrat ne s'abandonne pas à ces écarts; mais on ne peut attendre d'un Jury la même fermeté. Que la plaidoirie cherche à l'énivrer de son importance en lui parlant de sa toute puissance; qu'elle lui montre en perspective les conséquences de son verdict pour chercher à l'influencer par des considérations en dehors des vraies raisons de décider; vainement la loi lui répétera, comme en matière criminelle, qu'il n'a point à se préoccuper des conséquences de sa déclaration; la recommandation sera vaine, il s'en occupera, et un faux semblant d'équité l'entraînera à méconnaître l'évidence du fait.

Ainsi, l'on ne veut pas que le juge demeure arbitre souverain du fait, et par la pente qui entraîne les hommes revêtus d'une autorité passagère à se l'exagérer et à envahir, le Juré fera, par la décision du fait, irruption dans le droit dont le magistrat sera oblige d'appliquer la lettre.

Voici donc des avantages à l'état de problème, et des dangers réels.

Mais il en est d'autres qu'il faut signaler.

Une constitution pose un principe. Elle ne le développe pas. C'est aux lois à le faire.

L'introduction du Jury dans la justice civile consacrée par la constitution, sans le cortége de distinctions qu'une constitution ne peut pas faire, laisse à craindre l'admission ultérieure de la preuve orale, même dans les cas où notre Code la repousse par une juste défiance?

Alors on défigure, on mutile, on renverse ce monument de la législation moderne, devant lequel l'Europe s'incline.

Que si la loi organique établit des distinctions, le mal ne sera point aussi immense; il sera cependant réel et à déplorer.

Il faut s'expliquer.

La condition nécessaire de l'institution du Jury, c'est l'admission de la preuve orale. A quoi bon le Jury là où une preuve écrite est exigée et produite?

Or, le Code civil, suivant en ce point la législation et l'expérience de nos pères, a restreint, à peu de choses près, la preuve orale aux cas où il n'est pas possible de se procurer une preuve écrite.

En matière d'obligations, spécialement, la preuve par témoins est proscrite par la loi, à moins de commencement de preuve par écrit lorsqu'il s'agit d'un intérêt excédant 150 fr.

Il y a plus, sa disposition interdit toute preuve orale contre et outre le contenu aux actes et sur ce qui peut avoir été dit avant, lors ou depuis les actes, encore bien qu'il s'agisse d'une somme ou valeur inférieure à 150 fr.

C'est aux parties à constater leurs conventions par écrit. La loi n'exige en cela que ce qui est prudent et possible, et l'on ne peut mettre en balance un témoignage avec un écrit dans lequel les parties ont elles-mêmes constaté leurs conventions. Le statut de Charles II a introduit en Angleterre des principes analogues.

Dans d'autres matières, dans celles d'Etat, par exemple, le législateur subordonne encore la preuve testimoniale à l'existence d'un commencement de preuve par écrit ou de faits reconnus qui offrent un équivalent.

Pourquoi? C'est que de tout temps, là où l'intérêt du plaideur est assez grand pour déterminer la corruption du témoin, la loi a craint le parjure.

Ceci est triste ; mais l'expérience est là.

Il y a deux mille ans, dans une république démocratique, et chez un peuple habitué à être flatté, Platon écrivait ceci : « *Ce genre de preuve ne peut avoir le poids de la vérité. Il arrive, en effet, que des témoins nombreux, et ayant l'apparence de l'honnêteté, portent faux-témoignage* (1). »

Le mal est plus ancien ; il remonte aux temps primitifs. S'il n'en eût été ainsi, eût-il été nécessaire d'inscrire dans le Décalogue, loi si courte des premiers devoirs de l'homme envers Dieu et ses semblables, ces mots : *Tu ne porteras pas faux-témoignage contre ton prochain ?*

La nature humaine, toujours la même, et, que ni les siècles ni les révolutions ne changeront, avait inspiré à nos aïeux en l'année 1566, l'ordonnance de Moulins, dont l'art. 54 ordonne que de toutes choses excédant la valeur de 100 livres, soit passé contrats par *lesquels seulement sera reçue toute preuve desdites matières*, sans recevoir aucune preuve par témoins contre le contenu auxdits contrats.

L'ordonnance de 1667 confirma celle de 1566, et y ajouta, en interdisant toute preuve contre, et outre le contenu aux actes, encore qu'il s'agît d'une somme moindre de 100 livres.

Voici comment un grand jurisconsulte, un homme de bien, Pothier, justifie la nécessité de ces dispositions :

« La corruption des mœurs, et les exemples fréquents de subor-
« nation des témoins nous ont rendus beaucoup plus difficiles à
« admettre la preuve testimoniale que ne l'étaient les Romains ;

(1) **PLATON**, *Gorgias*, § 61.

« pour prévenir cette subornation de témoins l'ordonnance de
« Moulins, etc. »

Les immortels rédacteurs du Code civil ont maintenu ces sages
dispositions des ordonnances en tenant seulement compte de la di-
minution dans la valeur du numéraire.

Valons-nous mieux que nos pères? Le projet de la commission
implique la négative. Evidemment il se défie du magistrat auquel
nos aïeux avaient foi. Et c'est une contradiction étrange que d'accorder au témoin, c'est-à-dire au premier venu, la confiance que
l'on refuse au juge. Y a-t-il donc deux natures chez l'homme, une
bonne, apanage des masses, une autre, attribut de ceux que la société élève aux fonctions publiques ?

Non. L'homme est ce qu'il était, seulement, aujourd'hui on lui
parle beaucoup de ses droits et peu de ses devoirs.

Changer brusquement le système de nos lois civiles ; admettre la
preuve orale là ou notre code la proscrit ; la faire marcher de front
avec la preuve écrite dans les cas où il exige la production d'un acte;
lui donner dans certains cas le pas sur celle-ci, en admettant des
témoignages contre , et outre le contenu aux actes ; ce serait agir
sous l'empire d'étranges illusions, d'un optimisme désastreux.

Ce n'est point à la légère, ce n'est point incidemment que de telles
questions se traitent et se décident; elles demandent toutes les mé-
ditations du législateur ; et s'il se détermine à réformer ce que l'expérience des siècles, ce qu'une succession de philosophes, de juris-
consultes a consacré, ce doit être seulement par l'effet d'une
conviction invincible, sous l'empire des considérations les plus
puissantes, avec la certitude d'améliorer et de porter rémède à un
mal évident, grave, impérieux.

Il n'est donc pas à croire que l'Assemblée nationale se laisse en-
traîner à renverser le bel édifice de notre Code.

Il le faudrait pour que le Jury pût être introduit dans l'instruction
de la généralité des affaires civiles.

En effet, indépendamment de ce qui vient d'être dit sur les contrats, la nature même des choses rend la preuve orale, et par conséquent le Jury sans application possible dans une foule de cas où le

litige n'a point pour objet un fait matériel, mais l'appréciation de faits qui rentrent dans l'ordre intellectuel, dans le domaine des idées.

S'il s'agit, par exemple, de l'état des personnes, de l'accomplissement des conditions de droit ou des formalités légales nécessaires à l'existence et à la validité de certains actes de la vie, de certaines dispositions comme le mariage, les donations, les testaments; s'il s'agit de ces servitudes qui ne peuvent exister sans titre, il faudrait faire violence, non seulement aux lois qui nous régissent, mais à la nature des choses pour introduire le Jury dans ces matières et une foule d'autres.

Dans tous ces cas, on ne peut dire qu'il s'agit exclusivement de l'application de la loi; la loi ne peut s'appliquer qu'à un fait, *ex facto jus oritur;* mais le fait n'est pas toujours de ceux qui peuvent être matière à une preuve orale, ou la nécessitent.

Ainsi, un enfant est-il né en légitime mariage? Des formalités nécessaires à la validité d'une donation d'un testament ont elles été remplies? Voilà autant de questions de fait, mais le fait tient tellement au droit, que ce n'est point par la preuve orale, mais par l'examen de certains actes qu'elles peuvent être décidées; elles ne peuvent donc fournir matière ni à témoignage, ni à verdict. Si le Jury en était saisi, il se trouverait en réalité juge du droit.

Que si l'on arrive à reconnaître qu'il serait dangereux de faire une révolution dans notre législation, et d'étendre la preuve orale à tous les cas dans lesquels la loi française l'interdit, et où les parties ont encore la ressource de l'interrogatoire sur faits et articles, et de la comparution à l'audience, alors, l'instruction par le Jury sera réduite à toutes les matières dans lesquelles la preuve testimoniale par l'enquête et la contre-enquête est facultative.

Ici la question se reproduit dans les termes posés plus haut : Faut-il attendre du Jury plus d'intégrité et de lumières que du juge ?

Tout a été dit sur ce point. Mais outre les dangers pouvant résulter de l'incertitude à cet égard, ou, pour dire tout, de l'évidente infériorité du Juré au point de vue de l'expérience, des lumières et du sentiment du devoir, il en est encore d'autres à signaler.

Dans l'état actuel de notre législation, le juge peut antoriser la preuve testimoniale, selon que les faits articulés lui paraissent pertinents, c'est-à-dire de nature à justifier la prétention de celui qui les allègue, et admissibles, c'est-à-dire non réfutés à l'avance par des circonstances connues et décisives, ou par un caractère d'invraisemblance prononcée.

Si l'on veut arriver à enlever au juge la décision du fait, il faut que la preuve orale ne soit pas facultative de sa part; c'est une nécessité du système de l'obliger à l'ordonner, et cela sans restriction, sans distinction. Autrement, s'il peut éloigner, écarter certains faits, soit comme contraires à des documents acquis, soit comme entachés d'invraisemblance, il reste maître du jugement du fait, il domine la preuve.

Eh bien, voici le danger que ne compense pas le résultat stérile de limiter l'autorité du magistrat.

Les lois sont faites contre la mauvaise foi. C'est à elle que le législateur veut fermer toutes les issues.

Or, ne comprend-on pas que, dès qu'un côté faible existera, dès qu'une position, un terrain lui seront favorables, c'est celui-là que choisira le malhonnête homme?

La preuve orale sera interdite en certaines matières. Elle sera permise ou plutôt prescrite sur d'autres. C'est de ce côté que se portera son effort; et, quels que soient les faits articulés par lui, le juge n'aura point à distinguer, à restreindre la preuve, le défendeur sera nécessairement traîné devant le Jury.

De la perversité, de l'impudence, c'en est assez pour élever la prétention la plus injuste.

On a vu trop souvent des associations pour le vol, pour le faux, pour le meurtre. Or, qu'un certain nombre de misérables s'associent pour extorquer une forte somme à celui dont l'opulence les tentera. L'un sera demandeur, les autres seront témoins.

Il faudra nécessairement renvoyer les parties devant le jury.

Les Jurés feront-ils la part de la moralité des témoins, des invraisemblances, des impossibilités? Ceci dépendra du sort qui préside au tirage. Tel sera l'arbitre. Il ne faut pas supposer que la corruption se glissera dans le prétoire. Mais certes si elle était possible, ce serait plutôt chez des hommes réunis par le hasard, revêtus d'une fonction de quelques jours, sans caractère, sans responsabilité, que chez le juge, le juge tel que nous le connaissons aujourd'hui.

Le sort aura été intelligent. La sagacité, l'intégrité du Jury déjouera cette fois une tentative de vol. N'est-ce pas un grand mal déjà qu'un système qui peut encourager de telles espérances, et qui, offrant des chances à la mauvaise foi, multipliera par cela même les procès?

Mais si l'inexpérience du Jury est circonvenue, si le mensonge prévaut, un verdict contraire à la réalité des faits, à la justice, sortira de l'urne; et le devoir du juge sera de consacrer une iniquité.

Ce sera ici le vice et du système et de l'homme tout à la fois : en voici un inhérent au système seul.

Devant la justice, il y a trop souvent, dans la demande comme dans la défense, des exagérations, des points extrêmes, où la passion et l'intérêt emportent les parties. La vérité et la justice ne sont ni là, ni là, mais sur un point intermédiaire.

Ainsi la somme demandée excède la somme due. Un engagement existe; mais sa nature, ses conditions suspensives, résolutoires ou pénales, ne sont pas celles alléguées. Le défendeur conteste tout.

Dans l'état actuel de la législation, le juge peut, par l'appréciation des faits qu'il ramène à leur vérité, en s'aidant des divers moyens d'instruction consacrés, documents écrits, interrogatoire sur faits et articles, comparution des parties, enquêtes, faire la part des exagérations, modifier ce qu'il y a d'excessif dans la demande ou la défense, et s'arrêter à ce terme moyen dans lequel on rencontre souvent la vérité et la justice.

Que le Jury soit appliqué aux matières civiles, voici ce qui arrivera. Les parties formuleront, l'une la demande, l'autre la défense, toutes deux les faits à l'appui de leur système. Le juge, quand même sa pénétration ferait la part du vrai et du faux, ne pouvant faire irruption dans le fait, devra le prendre et le formuler en question, dans les termes fixés par les parties. Il ne pourra même, comme au criminel, poser des questions subsidiaires, si l'aveuglement du plaideur se refuse à modifier ce qu'il y a d'absolu dans ses allégations.

Les questions posées ne correspondront donc, ni de part, ni d'autre, à des faits d'une exactitude positive.

Les débats devant le Jury établiront l'existence d'une dette, mais moindre; d'une obligation, mais autre; de conditions, mais différentes; de pénalités, mais moins rigoureuses.

La réponse d'un Jury, dans la théorie actuelle, et c'est la seule possible, c'est de répondre oui ou non; sa mission de s'expliquer sur des faits nettement formulés, déterminés. C'est seulement dans ces termes qu'une question peut être posée à des hommes pris à tous les degrés d'intelligence.

Il ne pourra répondre : Non, telle somme n'est pas due, telle obligation, telles conditions n'existent pas; mais en réalité, voilà ce qui a existé; puis poser des faits et déterminer leur nature!

Sur chaque question, oui ou non; rien de plus.

Le juge auquel le verdict sera transmis n'aura qu'une mission : admettre ou rejeter la demande.

Cependant la justice n'était positivement ni dans l'une, ni dans l'autre des prétentions.

Rejeter la demande, c'est méconnaître des droits existants; l'accueillir dans toute son étendue, c'est excéder la limite du juste.

En matière d'arbitrage, on s'élève avec raison contre cette nécessité imposée au tiers arbitre, d'adopter l'avis de l'un des arbitres trop dévoués parfois aux intérêts qui les ont choisis, et d'accorder ainsi ou de refuser au delà de ce qui est juste.

La position sera autrement critique; juge, Jurés et parties se trouveront le plus souvent, par la force des choses, acculés à une injustice, là où la législation actuelle permet de se conformer à cette règle, qu'on croyait éternelle, du droit et de l'équité : *Suum cuique tribuere.*

Telles sont les observations que soulève le projet au point de vue de la justice même. Il est d'autres points accessoires, il est vrai, d'une haute importance cependant, qu'il faut expliquer pour n'encourager aucune illusion.

Une condition essentielle d'une bonne justice, c'est la promptitude, l'expédition. Lorsqu'il attend trop longtemps, le plaideur peut mourir de faim, son adversaire devenir insolvable; les garanties s'évanouissent.

Une autre condition, c'est une juste modération dans les frais.

Or, la mesure proposée est de nature à rendre inévitablement le débat plus long, plus compliqué, à multiplier les procédures, et, par conséquent, les frais.

Dans l'état actuel de l'organisation judiciaire, le jugement des procès subit des lenteurs qui tiennent à la nature même des choses, et qu'on ne pourrait éviter sans augmenter le personnel des tribunaux, pensée dont on semble fort éloigné. On ne peut fournir à chaque cause des juges, une audience immédiate. Les affaires urgentes viennent de suite, les autres doivent attendre leur tour. Le plaideur se plaint, cela est naturel. Il n'est pas possible néanmoins qu'il en soit autrement.

Cependant, dans les causes ordinaires, le débat se borne à une plaidoirie, un jugement.

Dans le système de l'application du Jury aux affaires civiles, trois plaidoiries, par conséquent la triple intervention de l'autorité judiciaire, trois jugemens et des délais intermédiaires seront une nécessité. On va le voir.

Pour que le Jury puisse rendre son verdict sur une ou plusieurs questions de fait, il faut que les points de fait résultant, soit de la demande, soit de la défense, soient nettement posés et formulés.

Les parties doivent donc se présenter devant le juge, exposer leurs prétentions respectives, et celui-ci résumer, dans un jugement préparatoire, les points de fait dont la solution le mettra à même d'appliquer la loi.

Voici comment on procède en Angleterre, et il n'en peut être autrement. Les parties y plaident sur le fait. Quand elles ont respectivement déduit les faits à l'appui, soit de la demande, soit de la défense, la cause est arrivée à ce point désigné dans la procédure anglaise par ces expressions (*come to an issue*) arriver à l'issue. Ce qui ne veut pas dire que le plaideur soit hors d'affaire ; loin de là.

Les parties arrivées à cette issue, le juge formule les questions de fait résultant du débat. La cause est alors renvoyée aux assises du comté compétent. Après avoir attendu que leur affaire aboutisse à l'issue qu'on vient de voir, les parties attendent l'époque des assises. Cette époque arrivée, le débat s'engage sur le fait, les témoins sont produits, entendus, l'objet d'interpellations, de contre-interpellations, on plaide, et le verdict intervient sur le fait.

Cette seconde phase accomplie, plaideur et procès subissent encore une pose. Le verdict est transmis au juge qui doit appliquer la loi.

Nouvelles plaidoiries sur l'application du droit au fait. Enfin sentence du juge, et si les parties n'appellent pas, le procès est fini, mais toujours un peu tard. Qu'on le demande aux Anglais.

Sans copier servilement l'Angleterre, et par la force même des choses, il faudra bien, si le Jury est importé dans les affaires civiles, subir exactement les mêmes phases de procédure, et voici quelle sera la marche inévitable d'un procès :

La demande formée, si le défenseur ne fait pas défaut ; les conclusions prises de part et d'autre, la cause attendra son tour de rôle, ceci est de droit ; c'est la justice dans la Justice.

Premier délai. Le jour de l'audience arrivé, plaidoirie sur le fait, jugement qui formulera ceux des faits articulés par l'attaque ou par la défense et constituant les questions à soumettre au Jury.

Ce jugement expédié, délivré aux parties, celles-ci auront, jusqu'au jour auquel le Jury pourra leur donner audience selon le nombre d'affaires plus anciennes, à s'enquérir de leurs témoins, à se notifier respectivement leurs noms et demeures, à prendre des renseignements sur les antécédents, la moralité des témoins de leur adversaire, point capital si le droit de récusation et de discussion ne doit pas être illusoire. Elles auront à prendre les mêmes renseignements sur les Jurés dont la liste devra leur être notifiée certain nombre de jours à l'avance, pour les mettre à même d'exercer leurs récusations.

Voici de quoi les tenir en haleine, et tout cela demandera du temps. Second délai.

Enfin le jour du débat devant le Jury arrivera.

Ici, qu'on se garde bien de comparaisons, d'assimilations entre ce qu'on connaît et ce qu'on ne connaît pas, entre le débat en Cour d'assises sur les questions ordinaires de vol ou crimes obscurs qui éveillent peu la curiosité publique, et ce que seront les débats en matière civile.

Là, l'affaire est déjà instruite, tout ce qui peut éclairer le Jury est élaboré, tout ce qui est inutile élagué. Au civil l'instruction n'aura pas fait un pas, tout sera à faire, l'inexpérience et l'illusion du plaideur auront pleine carrière. Le Jury sera souvent encombré de témoignages sans valeur.

Que ceux qui ont assisté à des enquêtes soient consultés sur le temps moyen qu'elles prennent; une moyenne de cinq heures, soit, de dix heures pour l'enquête et la contre-enquête; quelquefois il faut y revenir à plusieurs jours.

Ici, enquête et contre-enquête auront lieu en même temps, audition de deux séries de témoins, interpellations à chacun d'eux par les défenseurs des parties, plaidoirie de part et d'autre dans des affaires où parfois un certain nombre d'intérêts distincts se croisent et se choquent, résumé du magistrat directeur; car il est impossible d'abandonner le Jury à son inexpérience. Délibération du Jury. Combien tout cela prendra-t-il de temps?

Chaque affaire ne demandera-t-elle qu'une séance? Qui osera répondre?

Ce qu'on peut affirmer, c'est que le Jury fonctionnera plus lentement sur le fait, que la Justice telle qu'elle est aujourd'hui constituée, ne fonctionne en ce moment sur les deux éléments du fait et du droit.

Or, il faudra attendre son tour devant le Jury, comme on le

prend devant la justice, et on l'attendra plus longtemps, parce que le plus souvent une cause prendra toute une séance.

Le verdict du Jury rendu, nécessité de retourner devant le tribunal pour l'application de la loi.

Ici l'on se tromperait en pensant que le juge pourra immédiatement, séance tenante, appliquer la loi comme au criminel. D'abord, à moins d'une perte de temps précieux, on ne peut faire assister tout le tribunal aux débats devant le Jury.

Puis, en matière criminelle, la règle est simple. Tout crime est défini d'une manière précise. Si le fait prouvé rentre dans la définition de la loi, la culpabilité et la peine sont la conséquence. Mais en matière civile, les définitions n'ont pas la même précision. Les nuances varient à l'infini. La loi a reconnu elle-même qu'elle n'avait pu tout prévoir, quand elle a ordonné au juge de statuer même en cas d'insuffisance ou de silence de son texte. Les immenses recueils de jurisprudence qui remontent à cinquante ans à peine, constatent la variété des espèces.

Le fait reconnu, il faudra donc plaider sérieusement sur le droit, et par cela même, il faudra attendre audience.

Entre toutes les causes sorties de l'épreuve du Jury, il faudra bien établir un ordre selon l'ancienneté ou l'urgence. Puis, souvent l'audience ne dépend pas seulement du rôle ou du juge. Chaque partie a son défenseur. Chaque défenseur a ses convenances, ses engagements. Un avocat en renom n'est pas toujours libre, ou, pour mieux dire, le plus souvent il ne l'est pas ; les plaideurs affluent près de lui. C'est la nature des choses. Il faut s'y résigner.

Ainsi, tout compte fait, et de par le Jury civil, le plaideur attendra successivement trois audiences au lieu d'une. Il dévorera non pas une fois, mais deux, mais trois, les délais entre son droit et la justice.

Résultat déplorable dans toutes les affaires, équivalant à déni de justice dans toutes celles urgentes.

Il est dans les procès, non pas seulement ceux classés parmi les matières sommaires, mais dans les plus importantes en somme, en lutérêt de toute nature, des affaires qui ne souffrent point de retard, attendre, c'est tout perdre.

Dans l'état actuel, le juge apprécie l'urgence. Il permet d'assigner à bref délai. Il peut statuer de suite.

Que pourra-t-il faire dans le système du Jury civil ! Rien. La juridiction du référé, si bienfaisante à Paris, ne peut s'étendre, à tous les cas ; certaines questions lui sont interdites ; et le plaideur devra sa ruine aux garanties qu'on veut lui donner.

Tel sera, au point de vue de l'expédition des affaires, le résultat de l'innovation proposée.

A celui des frais, il ne sera pas plus heureux.

Il est fâcheux que la justice ne puisse être gratuite comme l'air et la lumière ; mais que le plaideur instruise et suive lui-même son affaire, ou qu'il ait recours à un intermédiaire, c'est toujours une dépense de temps, et le temps a un prix. Cette dépense sera même plus forte dans le premier cas que le second, car l'inexpérience a ses tâtonnements et ses écarts.

Ceci posé, si l'on multiplie les formalités ; si une combinaison nouvelle donne trois actes nécessaires au drame judiciaire ; s'il faut que la partie obtienne trois décisions, là où une seule tranchait le litige ; s'il faut non seulement les conquérir, mais les attendre ; mais reprendre son tour, par trois fois, à la queue qui stationne devant le prétoire, qu'on se rende compte de ce qu'il en coûtera de temps et d'argent.

Le système nouveau n'est pas de nature à restreindre la procédure nécessaire à laquelle notre Code a réduit l'instruction d'un procès.

Il y a dans les procès, une instruction inevitable, à moins de se résigner à laisser le défendeur dans l'ignorance de l'objet de la demande, le demandeur dans celle des moyens de défense, tous deux dans l'incertitude sur le jour de l'audience, et le juge dans les ténèbres.

L'introduction du Jury dans les affaires civiles rendra en outre indispensables les procédures suivantes :

Première décision qui admettra les faits à la preuve en formulant les questions à poser au **Jury**;

Notification de ce jugement **au** défendeur;

Notification respective par les deux parties aux témoins qu'elles se proposent de faire entendre des faits admis à la preuve. Car à la différence des matières criminelles, les témoins n'auront pas appris par une instruction préalable ce dont il s'agit; il faut les mettre à même de consulter leurs souvenirs, comme l'ordonne la loi, en matière d'enquête;

Notification par le demandeur au défendeur et respectivement des noms et demeure des témoins qu'ils se proposent de faire entendre;

Notification aux deux parties de la liste du jury. Le droit de récusation doit être garanti;

Verdict du jury; expédition et transmission de ce verdict au tribunal;

Conclusions nouvelles des parties sur l'application de la loi;
Enfin, jugement définitif.

Voilà donc une augmentation notable de frais.

On a vu ce que serait le débat devant le Jury et le temps qu'il prendrait aux parties et aux défenseurs. Mais ce n'est pas tout.

Que l'on suppose le temps nécessaire à l'une et l'autre partie pour s'assurer de l'existence et du domicile des témoins sur des faits plus ou moins éloignés, celui qu'il faudra pour se renseigner sur les antécédents, la moralité des témoins de l'adversaire; celui que prendront l'examen de la liste du Jury, les renseignements à obtenir sur la position, la bonne ou mauvaise renommée des citoyens désignés par le sort; que de démarches, quelle dépense d'heures et de jours!

Et si l'abus des visites aux membres du Jury s'introduit, comme s'est établi, dans certaines juridictions, celui des visites aux juges,

Où en seront les parties?

Enfin, il est un point dont il faut se rendre compte.

Dans le système qu'on veut établir il faudra, compte fait, trois plaidoiries; l'une d'elles à la suite de la longue et lourde séance devant le Jury.

En Angleterre, cette partie de l'instruction a été jugée assez laborieuse pour exiger le concours de deux avocats par plaideur, le *senior* et le *junior*; le premier, apportant dans les interpellations aux témoins l'expérience et le sang-froid, le second, l'ardeur et l'éclat de la voix dans la plaidoirie.

Mettons qu'en France on se contente d'un seul, il y aura toujours trois plaidoyers.

Si désintéressé que puisse être le défenseur, la reconnaissance est un devoir pour la partie, et ce devoir sera triplé par le système en projet.

Maintenant qu'on fasse le total de tous ces frais, de tout ce temps, qui a son prix en espèces, de toute cette reconnaissance, et qu'on apprécie le bienfait de l'amélioration proposée.

Ce bienfait est effrayant, et nous renvoyons à ces paroles de Couthon, prononcées devant la Convention à une époque où, cependant, la procédure était bien plus compliquée qu'aujourd'hui.

« Vous voulez détruire la procédure et vous en créez une mons« trueuse, car le juge sera obligé de faire une instruction pour met« tre les Jurés en état de prononcer. Vous voulez détruire les abus et « vous en créez de plus dangereux. »

Ceci n'est que le point de vue des plaideurs, il y a aussi le point de vue de la société, des citoyens en général.

Tous les Français sont électeurs. Elections de nos Représentants à l'Assemblée nationale, élections des officiers, sous-officiers et caporaux de la garde nationale, élections municipales, Jury en matière criminelle, il faut être exact à tout cela. Quant aux émeutes, il n'en faut pas parler. Elles cesseront, tout le monde en a la confiance. Ces devoirs prennent beaucoup de temps. Il ne faut pas s'en plaindre, c'est à ce prix qu'est la liberté, le premier des biens.

S'il faut ajouter à ces droits du citoyen celui de consacrer de temps à autre quinze jours, au chef-lieu du département ou de l'arrondissement, hors et quelquefois loin de son domicile, et cela non plus pour les intérêts généraux du pays ou de la cité, mais pour celui particulier du citoyen tel ou tel, l'impôt pourra sembler lourd à bien des pauvres gens.

Il pèsera de tout son poids sur l'individu sans enrichir l'État.

C'est un point reconnu que la fortune publique est la résultante des fortunes particulières.

Or, la richesse de chacun, du grand nombre au moins, c'est le travail qui féconde et met en œuvre. Tout le reste n'est que matière première, instrument et signe représentatif nécessaire à la facilité des échanges.

Détournez de leurs travaux un certain nombre de citoyens, vous les appauvrissez. Vous privez par cela même la masse de la fortune publique de tout ce qu'ils auraient pu produire et n'ont pas produit.

A ce compte, si, ayant égard aux différences de valeur dans la production de chaque profession, on fixe à dix francs la moyenne du produit du travail journalier de chacun, on trouvera que les quinze jours d'une session pour chaque Juré détourné de ses affaires, par cela seul qu'il faut se rendre à l'audience, présente pour lui, indépendamment de ses dépenses au chef-lieu, une perte de cent cinquante francs, ce qui, pour trente-quatre Jurés, y compris les Jurés supplémentaires, donne un total de quatre mille cent francs.

Maintenant, en admettant qu'à raison de certaines restrictions, conséquence de la nature même des choses, le Jury n'ait à connaître que d'un nombre d'affaires égal à moitié de celui que jugent les tribunaux sous l'organisation actuelle, les débats devant le Jury ne devant pas se borner à des plaidoiries comme devant les tribunaux, mais s'étendre à l'audition des témoins pour et contre, aux interpellations, à une instruction enfin, on restera dans la vérité en assurant qu'avec de plus longues séances et dans le même nombre de jours, le Jury pourra suffire à peine à sa tâche.

Pour donner, à ce point de vue, une idée approximative des résultats du Jury appliqué au tribunal de première instance de la Seine, voici ce qu'on peut conjecturer :

Ce tribunal a cinq chambres consacrées exclusivement pendant dix mois au jugement des affaires civiles, plus une chambre des vacations qui siége deux mois de l'année.

C'est donc à quinze jours par session du Jury, vingt sessions par chambre, soit cent sessions pendant les dix mois de l'année judiciaire, pour ne point parler des vacations.

Ces cent sessions à 4,100 fr. de perte de travail pour l'ensemble des Jurés pendant chaque session, donneront par année une somme de 410,000 fr., égale au traitement d'une grande partie du personnel du tribunal.

On peut supposer qu'il y aura, quant aux affaires et au temps pour les juger, une proportion dans des termes à peu près égaux entre les tribunaux et les Jurys de département.

Seulement, comme les pertes des Jurés seront à peu près les mêmes, et que le traitement des juges de ces tribunaux est de beaucoup inférieur, le Jury sera comparativement une bien plus grande dépense pour la société dans les départements, que la justice proprement dite.

Tels seraient les résultats probables de l'établissement d'un Jury civil, relativement à la fortune publique ; ils seraient bien autrement désastreux si le Jury devait intervenir dans toutes les affaires.

Au point de vue de la morale du pays, on peut se demander s'il est prudent de mettre les citoyens dans cette position d'être à l'égard les uns des autres tour à tour, parties, témoins et juges ; plaideur aujourd'hui, témoin quelqu'autre jour, bientôt après Juré, selon qu'il plaira aux circonstances. N'y a-t-il pas danger à consacrer un système par l'effet duquel, tel citoyen auquel un témoignage, un verdict émané de son voisin a fait perdre son procès peut être appelé a prononcer sur les intérêts de celui qu'il accusera de sa ruine.

Et ces débats publics dans lesquels les parties en présence, échangeront avec leurs adversaires et les témoins, les contradictions, les démentis, ou la moralité du témoin, ses antécédents, sa sincérité, seront l'objet de commentaires et d'attaques à l'audience, où le juré pourra se croire offensé par cela même qu'il sera récusé.

Nous avons inscrit sur nos monuments après les mots : *Liberté, Égalité,* celui de *Fraternité,* qui résume l'Évangile. Dans quelles dis positions de cœur, parties et témoins quitteront-ils l'audience? Le ressentiment, les haines qui naissent des offenses, les laissera-t-on sur le seuil? ou chacun ne les emportera-t-il pas, les réservant pour l'heure où il pourra leur donner cours?

C'est au législateur à méditer, à se demander quel sera le bienfait d'un pareil système.

Justice inintelligente, capricieuse et problématique, justice lente, justice dispendieuse à tous les points de vue, justice qui découragera l'honnête homme et multipliera les chances de la mauvaise foi.

Tels sont les résultats probables de l'innovation.

Y eût-il seulement doute sur les avantages, ce serait le cas de s'abstenir.

On ne recourt aux remèdes incertains que quand l'intensité du mal est arrivée à ce point où il y a plus de danger dans la situation que dans les chances les plus désastreuses de l'empirisme. On ne hasarde d'expériences que sur ce qu'on peut sacrifier sans regret ; *experimentum in animâ vili.* Ici le sujet, c'est la France.

De bonne foi, la Justice, si respectée dans notre pays, a-t-elle conduit la société à l'agonie, à ce point qu'il faille recourir à une sorte d'homœopathie, et guérir le mal par le mal?

Non, la conscience publique répond qu'il n'en est pas ainsi.

Et quel moment pour substituer un système nouveau à celui sanctionné par l'expérience.

La société est remuée dans ses fondements. Les idées du bien et du mal divisent les hommes. Toutes les consciences n'ont plus les mêmes règles. Si les uns ont encore foi dans cette loi de Dieu : « Tu ne déroberas pas..... » Pour d'autres, le vol, c'est la propriété, le voleur, celui qui possède. Ces doctrines ont des représentants jusque dans l'Assemblée la plus auguste. Soixante-treize mille suffrages donnés à Paris à ceux qui les professent constatent le progrès des idées nouvelles !

Pendant nos guerres de religion, les huguenots ne voulaient point être jugés par les seuls catholiques, ceux-ci ne voulaient point des huguenots pour juges. De là, dans les parlements, ces chambres de l'édit où les deux croyances étaient également représentées, transaction malheureuse qui introduisait la guerre dans la justice. Du moins, ces hommes, divisés sur la religion, étaient d'accord sur la morale , leurs consciences se rencontraient sur tous les grands principes de la société civile. La propriété, la famille n'étaient pas mises en question. La France savait enfin quels hommes étaient appelés à tenir les balances de la justice. Le hasard ne décidait pas.

Aujourd'hui l'égalité est et doit être partout. La loi ne fermera pas plus la porte du prétoire que celle de l'Assemblée nationale aux doctrines qui germent dans les esprits. Comment cet arbitre du tirage au sort, le hasard déterminera-t-il les proportions dans lesquelles les principes contraires seront appelés à siéger sur le banc du Jury. Sur les questions de famille, de propriété, quelles convictions seront désignées pour décider? Combien en comptera-t-on d'accord avec la loi et la morale de nos pères, combien seront ouvertement ou secrètement à l'état de révolte contre les lois qu'elles accusent de n'être point leur œuvre? On ne peut rien répondre avec certitude, si ce n'est ceci : c'est un danger, un mal, cause possible de bien d'autres maux que s'exposer à introduire dans la justice d'un pays des éléments en opposition avec sa conscience, sa morale et ses lois.

FIN.

www.ingramcontent.com/pod-product-compliance
Ingram Content Group UK Ltd.
Pitfield, Milton Keynes, MK11 3LW, UK
UKHW020136080726
13614UKWH00005B/2260